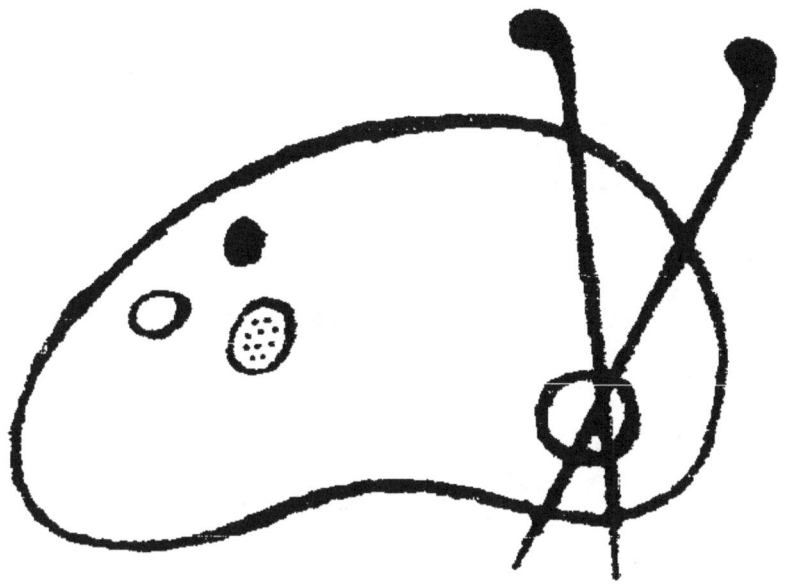

Début d'une série de documents en couleur

ÉTUDE

HISTORIQUE ET ARCHÉOLOGIQUE

SUR

L'ÉGLISE DE PARAY-LE-MONIAL

PAR

EUGÈNE LEFÈVRE-PONTALIS

BIBLIOTHÉCAIRE DU COMITÉ DES TRAVAUX HISTORIQUES ET SCIENTIFIQUES
MEMBRE CORRESPONDANT DE LA SOCIÉTÉ ÉDUENNE

AUTUN
IMPRIMERIE DEJUSSIEU PÈRE ET FILS
1886

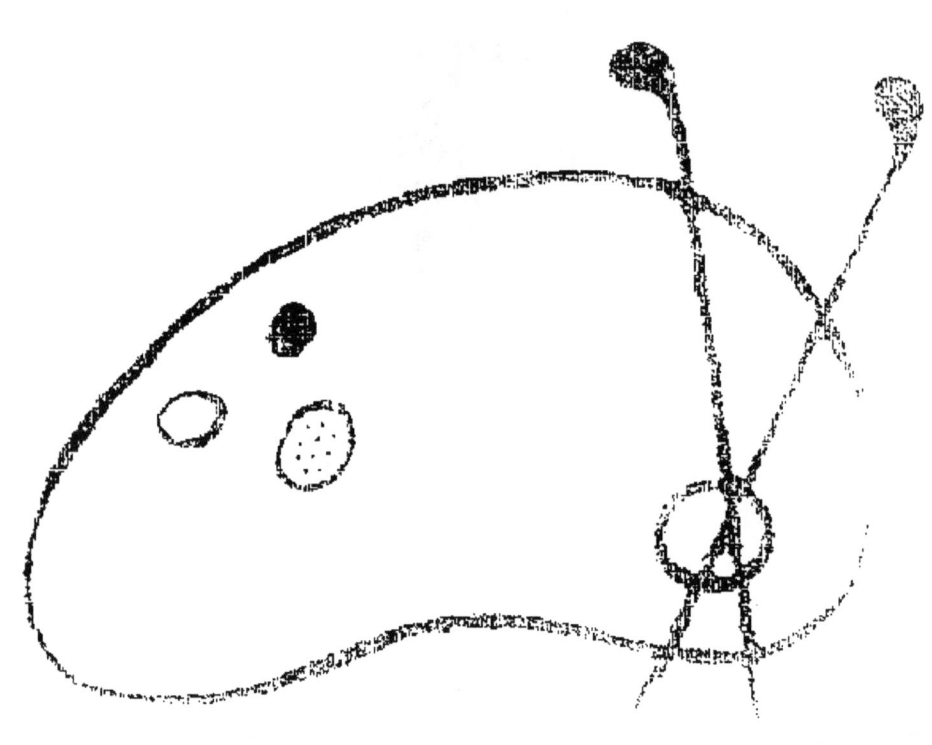

ÉTUDE
HISTORIQUE ET ARCHÉOLOGIQUE

SUR

L'ÉGLISE DE PARAY-LE-MONIAL

EXTRAIT DES MÉMOIRES DE LA SOCIÉTÉ ÉDUENNE
TOME XIV (NOUVELLE SÉRIE).

ÉTUDE

HISTORIQUE ET ARCHÉOLOGIQUE

SUR

L'ÉGLISE DE PARAY-LE-MONIAL

PAR

EUGÈNE LEFÈVRE-PONTALIS

BIBLIOTHÉCAIRE DU COMITÉ DES TRAVAUX HISTORIQUES ET SCIENTIFIQUES
MEMBRE CORRESPONDANT DE LA SOCIÉTÉ ÉDUENNE

AUTUN

IMPRIMERIE DEJUSSIEU PÈRE ET FILS

1886

ÉTUDE

HISTORIQUE ET ARCHÉOLOGIQUE

SUR

L'ÉGLISE DE PARAY-LE-MONIAL

HISTOIRE DE L'ÉGLISE.

La ville de Paray-le-Monial eut dès une époque très ancienne une église paroissiale, placée sous le vocable de Notre-Dame. En effet, la charte de la fondation du monastère de Paray qui porte la date de 973 la désigne sous le nom de *templum antiquissimum*[1]. Cet édifice existait encore à la fin du onzième siècle, puisque Renaud, abbé de Vézelay, en fait mention dans la biographie de saint Hugues de Semur qu'il a composée[2], mais il nous paraît impossible d'admettre avec M. l'abbé Cucherat[3] que le sanctuaire de l'église primitive de Paray occupe encore aujourd'hui le centre du cimetière de la ville. La chapelle ruinée qui s'élève sur cet emplacement n'est pas antérieure au douzième siècle et l'inscription moderne qui atteste sa haute antiquité ne nous inspire aucune confiance.

La seconde église bâtie sur le territoire de Paray fut élevée entre les années 973 et 976 par les religieux bénédictins que Lambert, comte de Chalon, avait installés à

---

1. *Description générale et particulière du duché de Bourgogne*, par Courtépée. Réimpression, t. III, p. 53.
2. *Acta sanctorum*, avril, t. III, p. 652.
3. *Guide historique et archéologique du pèlerin à Paray-le-Monial*, p. 77.

Paray, au milieu de ses domaines[1]. Les reliques de saint Grat, évêque de Chalon, y furent transportées en 977 et le comte Lambert y fut enterré en 988[2]. Quelques années après la mort du fondateur de l'abbaye, son fils Hugues, comte de Chalon et évêque d'Auxerre, fit don aux religieux de tout ce qu'il possédait à Paray et réunit le monastère à l'abbaye de Cluny dans le cours de l'année 999[3]. Cette annexion eut pour résultat de faire considérer l'abbaye de Paray comme un simple prieuré dépendant de Cluny, mais grâce à la générosité de Hugues de Chalon et aux ressources fournies par l'abbaye de Cluny, le prieuré de Paray devint très prospère et les moines abandonnant la colline de l'Orval, où Lambert avait bâti la première demeure des religieux, vinrent s'établir dans la vallée sur les bords de la Bourbince. Ils entreprirent aussitôt la construction d'une nouvelle église qui fut consacrée le 9 décembre 1004[4]. Ce monument devait avoir des dimensions assez grandes si l'on en juge par son narthex qui s'est conservé jusqu'à nos jours en avant de l'église actuelle.

L'édifice dédié en 1004 ne fut pas modifié jusqu'à la fin du onzième siècle, mais on peut être certain qu'il subit à cette époque des remaniements importants. En effet, les biographes de saint Hugues de Semur, abbé de Cluny de 1049 à 1109, nous ont conservé le souvenir d'un miracle qu'il accomplit à Paray, vers la fin de sa vie, en guérissant un jeune moine grièvement blessé par la chute d'une pièce de bois que l'on assemblait au sommet de l'un des clochers de l'église. Voici en quels termes l'un des disciples de saint Hugues, Hildebert, évêque du Mans au douzième siècle, raconte ce fait miraculeux :

---

1. *Cartulaire de Paray*, charte n° 2.
2. *Gallia christiana*, t. IV, col. 444.
3. La charte d'annexion a été imprimée par Claude Perry, *Hist. civile, ecclésiast., ancienne et moderne de la ville et cité de Chalon-sur-Saône.* Preuves, p. 35.
4. *Description générale et particulière du duché de Bourgogne*, par Courtépée. Réimpression, t. III, p. 53.

Paredi, puerum quemdam monasticæ consecratum militiæ decidens ex culmine campanarii tabula prostravit. Eo tempore beatus abbas fratres visitaturus Paredum accesserat. Puer in quo consultæ pollicibus venæ proximum nuntiabant interritum, semivivus ad eum defertur. Fratres velut extinctum deflent puerum qui vix in castris spiritualis militiæ vivere inchoasset. Denique pius abbas, mente compunctus, contritum contrectat puerum; pro exsequiis obsequiis insistit et ad ostium divinæ pietatis procurrit Christi, Christi veteranus tanta precum instantia, ut et puero salus et puer conventui redderetur. [1]

Un autre biographe de saint Hugues de Semur, Renaud, abbé de Vézelay et archevêque de Lyon au douzième siècle, a donné sur cette guérison merveilleuse des détails plus précis qu'il n'est pas inutile de connaître :

Puer quidam monachus apud Paredum monasterium, dum in choro cum fratribus oraret, una de tabulis cadente quæ in lacunari turris eminentis jungebatur, contritus a vertice est. Curritur ad venerabilem patrem, qui tunc forte in altera ecclesia Dei scilicet genitricis divino operi insistebat, et tam gravis collisio pueri jam pene exanimis, ei nuntiatur. Qui ubit advenit, aqua benedicta faciem ejus rigat et oratione subsecuta spiritum vix palpitantem et ad exitum properantem retinuit : inde paulatim resumptis viribus sanus effectus longo tempore supervixit. [2]

Le premier de ces deux récits nous permet de conclure que saint Hugues était déjà vieux quand il fit le miracle qui lui est attribué, puisque Hildebert le désigne sous le nom de *Christi veteranus*. Or saint Hugues, né en 1024, nommé abbé de Cluny en 1049, mourut au mois d'avril 1109, à l'âge de quatre-vingt-cinq ans. On peut donc fixer le fait que mentionnent ses biographes, aux dernières années du onzième siècle ou, au plus tard, au commencement du douzième siècle. En outre l'archevêque Renaud rapporte que le

---

1. *Acta sanctorum*, avril, t. III, p. 641.
2. *Acta sanctorum*, avril, t. III, p. 652.

jeune novice était en prières avec les moines dans le chœur quand arriva l'accident qui faillit lui coûter la vie. Ce détail semble indiquer que l'église bâtie au onzième siècle à Paray était surmontée d'un clocher central formant lanterne au-dessus du transept, car on ne pourrait expliquer autrement la chute d'une pièce de bois dans l'intérieur de l'église. Le clocher nord de la façade doit avoir été terminé vers l'époque où se produisit le fait que nous venons de signaler. Cette tour dont le style indique une période déjà avancée de l'art roman, est évidemment moins ancienne que celle qui l'accompagne, et on doit la faire remonter à la fin du onzième siècle.

Malgré les réparations et les remaniements que l'église du prieuré de Paray venait de subir, les religieux trouvèrent sans doute qu'il était indispensable de la remplacer par un édifice plus vaste, puisque la nef et le sanctuaire de l'église actuelle sont évidemment postérieurs au onzième siècle. M. Millet, dans la courte notice dont il a fait précéder ses dessins de l'église, semble admettre que la reconstruction du monument fut l'œuvre d'Hugues de Semur[1]. Nous avons le regret de ne pouvoir partager son avis. Hugues de Semur mourut en 1109, et il est impossible d'attribuer à une époque antérieure à cette date l'abside, le transept, la nef et les bas côtés de l'église que nous voyons encore aujourd'hui, car leur style offre une ressemblance complète avec celui qui était en usage dans la région au milieu du douzième siècle.

Si l'opinion de M. Millet nous semble en contradiction avec les caractères archéologiques de l'édifice, l'idée émise sur la date de l'église de Paray par M. l'abbé Cucherat soulève également des objections très sérieuses. M. l'abbé Cucherat considère l'édifice actuel comme une œuvre du

---

[1]. *Archives de la commission des monuments historiques*, t. II. *Monographie de Paray*, p. 7.

treizième siècle, et il en attribue la construction à Rolland, abbé de Cluny de 1220 à 1228[1]. Pour justifier son hypothèse, il s'appuie sur les trois raisons suivantes. Mabillon nous apprend que le narthex de l'église abbatiale de Cluny fut élevé vers 1220[2]; or comme l'architecture de ce narthex, aujourd'hui détruit, présentait une grande analogie avec celle de l'église de Paray, il est probable que ces deux monuments étaient contemporains. En outre le prieur de Paray était tenu de payer chaque année à l'abbé Rolland une somme de dix livres tournois[3], et cette redevance ne peut s'expliquer qu'en raison de la part prise par l'abbé de Cluny à l'agrandissement de l'église de Paray. Enfin le style des édifices religieux de la Bourgogne, bâtis dans le premier quart du treizième siècle, était encore si peu différent de celui qui était en usage au douzième siècle que l'église de Paray, malgré le caractère roman de son architecture, peut très bien appartenir à la première moitié du treizième siècle.

Les arguments de M. l'abbé Cucherat sont loin d'être décisifs. En effet, si le style du narthex de Cluny se rapprochait beaucoup de celui de l'église de Paray, ces deux constructions n'en présentaient pas moins une différence essentielle, puisque la voûte en berceau brisé est exclusivement employée à Paray, tandis que le narthex de Cluny était recouvert de voûtes sur croisées d'ogives. Si l'église de Paray était l'œuvre de l'abbé Rolland, il aurait fait appareiller ses voûtes suivant le système inventé par les architectes de l'Ile-de-France et appliqué dès le début du treizième siècle dans le narthex de Cluny. La redevance due par le prieur de Paray à l'abbé Rolland ne prouve pas que cet abbé de Cluny avait contribué aux frais de l'église de Paray. Elle pouvait

---

[1]. *Guide historique et archéologique du pèlerin à Paray-le-Monial*, p. 115.
[2]. *Annales sanctorum ordinis sancti Benedicti*, t. V, p. 252.
[3]. « Iste Rollandus dedit conventui Cluniacensi in die anniversarii sui decem libras turonenses quas debet prior de Paredo. » (*Bibliotheca Cluniacensis*, fol. 1665.)

provenir d'une tout autre cause, et du reste il serait étrange qu'Hugues de Semur ait exigé du prieur une rente en échange de la somme qu'il avait consacrée à la construction de l'église. Les libéralités faites en faveur des édifices religieux pendant le moyen âge ne donnaient jamais lieu au paiement d'une semblable redevance.

La question de savoir si l'église de Paray ne peut pas être attribuée au treizième siècle, bien que l'influence de l'architecture gothique ne s'y fasse pas sentir, mérite d'attirer l'attention. Il est certain que les traditions romanes se conservèrent plus longtemps en Bourgogne que dans la région du nord de la France, et que l'on voit encore des arcs en plein cintre et des voûtes en berceau dans quelques églises bourguignonnes bâties au treizième siècle, mais il serait très imprudent de vouloir tirer de ces exceptions une règle générale. Les particularités que nous venons de signaler se rencontrent uniquement dans des églises rurales peu importantes et il n'est pas exact de dire, comme M. l'abbé Cucherat [1], que la grande église de Semur-en-Brionnais en offre des exemples contemporains du treizième siècle. En effet, si le clocher de ce dernier monument est une œuvre du treizième siècle, la nef, les bas côtés, le transept et le chœur de l'église appartiennent incontestablement à la seconde moitié du douzième siècle. La construction élevée en Bourgogne au treizième siècle où la persistance du style en usage à l'époque romane se faisait le plus nettement sentir, c'était le narthex de l'église de Cluny, bâti en 1220 par l'abbé Rolland. Mais si l'on rencontrait dans ce vaste porche des pilastres cannelés accompagnés d'une ornementation exclusivement romane, on pouvait néanmoins y remarquer des voûtes sur croisées d'ogives et l'emploi de l'arc en tiers point dans tous les membres de l'architecture, sauf dans les fenêtres [2]. Ainsi tout en faisant

---

[1]. *Monographie de la basilique du Sacré-Cœur à Paray-le-Monial*, p. 12.
[2]. *Dictionnaire d'architecture* de Viollet-le-Duc, t. VII, p. 268.

bâtir à Cluny au treizième siècle un narthex dont le style se rapprochait beaucoup de celui de la grande église abbatiale élevée au douzième siècle, l'abbé Rolland avait eu soin d'adopter le système de voûtes exclusivement employé dans l'architecture gothique. D'ailleurs, au moment où il cherchait à mettre le narthex de Cluny en harmonie avec les autres parties de l'église, on construisait en Bourgogne des monuments franchement gothiques, comme le chœur de l'église abbatiale de Vézelay.

Si l'on observe que l'architecture de l'église de Paray offre la plus grande analogie avec celle de l'église de Cluny, terminée en 1131, de la cathédrale d'Autun consacrée en 1132 et de l'église Notre-Dame de Beaune achevée en 1140, il est fort légitime d'attribuer au second quart du douzième siècle la nef, le transept et le chœur de l'église de Paray qui ont dû être bâtis vers 1140. Quant à la façade elle remonte évidemment au onzième siècle, et il faut la considérer comme un débris de l'édifice consacré en 1004 et remanié à la fin du onzième siècle. La période de quinze ans qui s'étend entre les années 1140 et 1156 était très favorable à la construction d'une église à Paray. L'abbaye de Cluny qui dut contribuer pour une forte somme à la dépense se trouvait alors dans une situation très prospère. Elle venait de terminer les travaux de sa vaste basilique et ses richesses s'accroissaient de jour en jour par de nouvelles donations. Mais aussitôt après la mort de Pierre le Vénérable[1], elle fut exposée aux violences et aux pillages de Guillaume II, comte de Chalon, qui ne respecta pas davantage le prieuré de Paray. Les dommages que ce seigneur fit éprouver aux deux monastères ne prirent fin qu'en 1180, époque où Guillaume II, déplorant les exactions qu'il avait commises, s'engagea à respecter les droits et les biens des religieux de Paray et de Cluny[2]. Obligée de se

1. Pierre le Vénérable mourut le 25 décembre 1156.
2. *Bibliotheca Cluniacensis*, col. 1441.

défendre contre ses puissants voisins, l'abbaye de Cluny ne pouvait pas entreprendre pendant cette période la construction de l'église de Paray et quand elle put jouir de la tranquillité dont elle avait besoin, elle se trouva fort dépourvue de ressources. Ses dettes étaient si nombreuses que les abbés Hugues V et Gérold I ne parvinrent à les solder entièrement que dans le premier quart du treizième siècle[1]. Ainsi pendant toute la seconde moitié du douzième siècle, les religieux de Cluny n'auraient pas pu contribuer par leurs dons généreux à l'agrandissement de l'église de Paray. Or, comme il est impossible de reculer jusqu'à l'année 1220 environ la date de la construction de cet édifice, il faut nécessairement admettre qu'il fut élevé vers le milieu du douzième siècle, au moment où l'abbaye de Cluny était en pleine prospérité, grâce à l'habile administration de Pierre le Vénérable.

L'église de Paray ne subit aucune modification pendant le treizième siècle, mais l'étage supérieur de son clocher fut terminé au quatorzième siècle, comme il était facile de le constater encore en 1858, avant que M. Millet ne l'eût remplacé par un nouveau couronnement. Il est possible que ce travail ait été exécuté du temps de Pierre de Chatellus, abbé de Cluny de 1322 à 1344, qui avait réuni le prieuré de Paray à la mense abbatiale de Cluny, mais la preuve de la participation de Pierre de Chatellus à la dépense ne résulte pas de la phrase suivante de la *Chronique de Cluny*, comme l'a cru M. l'abbé Cucherat[2] : *Petrus de Castrolucio prioratum de Paredo acquisivit, quem cameræ Cluniacensi appropriari fecit.*[3]

L'histoire de l'église de Paray pendant le quinzième siècle ne nous fournit que deux faits intéressants à signaler. En 1456, Louis XI, fuyant la cour de son père, se dirigeait

---

1. *Bibliotheca Cluniacensis*, col. 1664.
2. *Monographie de la basilique du Sacré-Cœur à Paray-le-Monial*, p. 54.
3. *Bibliotheca Cluniacensis*, col. 1671.

vers le Dauphiné, lorsqu'il tomba malade en passant par Paray. Jean de Bourbon, abbé de Cluny, s'empressa de le faire soigner et quand il fut rétabli on chanta un *Te Deum* dans l'église afin de célébrer cette heureuse guérison. Pour conserver le souvenir du séjour du fils de Charles VII à Paray, le prieur fit peindre sur le mur intérieur de la tour du nord, les écussons du duc de Bourgogne, du dauphin et de tous les seigneurs de sa suite. Courtépée qui mentionne cet événement rapporte également que la tour qui flanque le côté nord de la façade s'appelait le Moine-Garre [1]. Peut-être faut-il voir dans ce surnom un souvenir de l'accident causé à Paray vers la fin du onzième siècle par la chute d'une pièce de bois que l'on assemblait alors au sommet d'un clocher ? En tout cas si cette tradition s'applique à l'une des tours du porche, elle est en contradiction avec le texte si précis du biographe d'Hugues de Semur, Renaud de Vézelay, que nous avons cité plus haut.

Vers 1470, l'abbé Jean de Bourbon permit à Robert de Damas-Digoine [2], seigneur de Clessy et de Beaudéduit, de faire abattre la chapelle qui s'ouvrait dans le croisillon méridional de l'église pour la remplacer par une nouvelle chapelle destinée à devenir le tombeau de sa famille [3]. L'unité du style intérieur de l'édifice se trouva rompue par ce remaniement qui n'en produit pas moins un effet très gracieux, à cause de l'élégance de son style. La famille des seigneurs de Damas-Digoine s'était toujours montrée très généreuse envers le prieuré de Paray et plusieurs de ses membres avaient déjà reçu la sépulture dans l'église avant que Robert de Damas n'entreprit la construction de la chapelle de Saint-Georges. Marie et Catherine de Damas-Digoine avaient

---

1. *Description générale et particulière du duché de Bourgogne*, p. 55.
2. M. l'abbé Cucherat a commis une erreur en attribuant la construction de cette chapelle à Jean de Damas-Digoine, dans sa *Monographie de la basilique du Sacré-Cœur*, p. 49.
3. *Histoire généalogique et chronologique de la maison royale de France*, par le père Anselme, t. VIII, p. 330.

été ensevelies dans la basilique, l'une en 1434, l'autre en 1439, et leurs époux qui se nommaient Robert et Louis de Damas-Digoine y avaient été également enterrés quelques années auparavant[1]. Dans la suite, la chapelle de Saint-Georges fut ornée des tombeaux de Louis de Tenarre, mort en 1528, et d'Isaac Baudinot, seigneur de Selore, mort en 1666.[2]

Les guerres de religion qui désolèrent la Bourgogne au seizième siècle firent éprouver de sérieux dommages à l'église de Paray. Le 3 juin 1562, les huguenots livrèrent au pillage le trésor qu'elle renfermait et s'emparèrent de la châsse de saint Grat, donnée au monastère en 977 par Lambert, comte de Chalon. Non contents d'avoir dépouillé l'église de ses richesses, ils conçurent le projet de détruire la façade en allumant un incendie sous le porche avec les débris du mobilier de l'église, mais leur tentative échoua grâce à la solidité de l'antique construction. Néanmoins les moines s'empressèrent avec raison d'étayer les doubleaux et les voûtes du porche au moyen de murs en maçonnerie qui ne disparurent qu'en 1860. Pendant le siècle suivant, les religieux du prieuré s'efforcèrent d'effacer la trace des dévastations que l'église avait subies, mais ils ne modifièrent aucune partie essentielle du monument. Ils se bornèrent à faire orner les murs de transept, les voûtes de la nef et celles du chœur par un peintre nommé Jacques Lucas, qui travailla successivement à Paray en 1631, en 1637 et en 1644[3]. Vers 1730, on entreprit dans l'édifice divers remaniements qui entraînèrent la disparition des écussons destinés à rappeler le souvenir du séjour de Louis XI au prieuré. Quelque temps après, en 1760, les religieux se décidèrent à faire

---

1. *Histoire généalogique et chronologique de la maison royale de France*, par le P. Anselme, t. VIII, p. 330.
2. *Description générale et particulière du duché de Bourgogne*, par Courtépée, t. III, p. 54.
3. *Monographie de la basilique du Sacré-Cœur, à Paray-le-Monial*, par M. l'abbé Cucherat, p. 55.

carreler toute l'église et à installer dans le chœur des stalles qu'on y voit encore aujourd'hui.

L'église de Paray se conserva à peu près intacte pendant la période révolutionnaire. En 1794, l'église et les bâtiments du prieuré furent mis en vente et rachetés moyennant la somme de 15,000 francs par la ville de Paray-le-Monial. Cette heureuse acquisition préserva l'édifice d'une ruine certaine, mais la flèche de son clocher central tomba néanmoins sous le marteau des démolisseurs. Elle fut remplacée, en 1810, par un dôme d'un goût fort douteux[1]. Malgré les réparations urgentes dont elle avait fort besoin, l'église resta dans un fâcheux état d'abandon jusqu'en 1856. A cette époque, la Commission des monuments historiques vota des fonds pour la restaurer, grâce aux instances de M. de Montalembert. Le conseil général de Saône-et-Loire et le conseil municipal de Paray imitèrent son exemple. Une somme de 82,200 francs fut ainsi réunie : elle permit de donner au monument l'aspect remarquable qu'il présente aujourd'hui.

La direction des travaux fut confiée à M. Millet, architecte de la Commission des monuments historiques. MM. Beaudron et Vouillon, entrepreneurs à la Clayette, furent chargés de les faire exécuter sous leur surveillance. On commença par consolider le soubassement des murs de l'édifice et, dès que l'abside eut été restaurée, on s'occupa de faire disparaître un bâtiment adossé au bas côté nord de l'église. Au moment d'entreprendre la restauration du clocher central, l'architecte s'aperçut que toute la tour menaçait ruine, et il fut obligé de reconstruire l'étage supérieur ainsi que la flèche en charpente. Après avoir terminé ce travail, M. Millet résolut de rétablir dans son état primitif le narthex placé sous les deux clochers de la façade. C'était

---

1. On lisait sur le poinçon central du dôme l'inscription suivante : « Ce dôme a été construit à Charolles par les soins de M. Riballier, maire de Paray, et fait par B. Lagros, de Charolles, le 10 octobre 1810. »

une opération fort délicate, car cette partie de l'église avait subi des tassements inquiétants par suite de l'incendie que les huguenots y avaient allumé. Depuis le seizième siècle, tout le poids des clochers de la façade était supporté par des murs en maçonnerie qui obstruaient le porche. Il était évident qu'en supprimant ces murs d'appui pour les remplacer par des étais provisoires, on risquait de provoquer la chute complète de la façade. Malgré le danger d'une semblable reprise en sous-œuvre, M. Millet n'hésita pas à l'entreprendre et il fut assez heureux pour atteindre son but. Grâce à un système de cintres en charpente fort ingénieusement combinés, il parvint à soutenir en l'air la masse énorme des deux tours pendant le temps nécessaire à la reconstruction des supports. Afin d'éviter l'écrasement des nouvelles piles, l'architecte fit tailler leurs assises dans le banc de granit des carrières d'Ambierle (Loire), et il eut la satisfaction de terminer par cette savante opération une restauration qui lui fait le plus grand honneur. Depuis 1862, l'église de Paray s'est enrichie de nouveaux autels et de nouvelles verrières, mais elle n'a plus subi aucun remaniement.

DESCRIPTION DE L'ÉGLISE.

Le plan de l'église de Paray, dont l'orientation est assez régulière, comprend une nef précédée d'un narthex et flanquée de deux bas côtés, un transept qui renferme une chapelle dans chacun de ses croisillons et un chœur en hémicycle entouré d'un déambulatoire et de trois chapelles rayonnantes. Trois portails donnent accès dans l'intérieur de l'édifice et trois clochers s'élèvent au-dessus de ses voûtes. Ce plan ne doit pas être considéré d'une manière trop absolue comme une réduction de celui que présentait la célèbre basilique de Cluny. En effet, il n'offre ni doubles collatéraux, ni double transept, ni cinq chapelles rayonnantes, mais l'influence exercée par l'église de Cluny sur celle de Paray se fait nettement sentir dans le plan du déambulatoire. A Paray, cette galerie n'a pas la même largeur que les bas côtés, contrairement au système généralement suivi par les architectes du moyen âge. Il en était de même à Cluny et comme la particularité que nous venons de signaler ne se rencontre pas dans une autre église de la région, il faut bien admettre que le déambulatoire de Cluny a servi de modèle à celui de Paray. Si l'on considère le plan de l'église dans son ensemble, on ne peut s'empêcher de constater qu'il présente une certaine analogie avec celui des églises de Notre-Dame de Beaune et de Saint-Philibert de Tournus, tandis qu'il s'éloigne du type adopté par les architectes de la cathédrale d'Autun et de l'église de Semur-en-Brionnais.[1]

Le narthex se compose d'un vaste porche rectangulaire divisé en trois nefs qui ne comprennent que deux travées. Il est recouvert de six voûtes d'arête séparées les unes des autres par des doubleaux en plein cintre. Les retombées des voûtes s'appuient d'un côté sur les murs de la façade et de la nef, et de l'autre sur deux piles isolées qui sont formées d'une colonne centrale cantonnée de quatre colonnettes. Les chapiteaux de ces piliers sont garnis de feuillages ou d'animaux monstrueux et leurs bases sont ornées de deux tores séparés par une gorge. Au-dessus du porche qui communique avec l'extérieur par sept ouvertures, se trouve une salle voûtée en berceau et divisée en trois nefs comme la partie basse du narthex. Elle est éclairée par sept baies en

---

[1]. Les principales dimensions de l'église de Paray-le-Monial sont les suivantes :

Longueur totale	63m50	Largeur de la nef	9m25
Profondeur du narthex	9m40	Largeur des bas côtés	6m55
Longueur de la nef	22m»»	Largeur du transept	9m50
Longueur du transept	40m50	Largeur du chœur	9m75
Longueur du chœur	25m»»	Largeur du déambulatoire	3m20
Largeur totale	22m35	Hauteur de la nef	22m»»
Largeur du narthex	10m80	Hauteur des bas côtés	12m»»
	Hauteur de la coupole du transept	25m50	

plein cintre et les piliers qui la soutiennent, construits sur un plan cruciforme, sont dépourvus de chapiteaux et couronnés par de simples tailloirs en biseau.

Bien que toute la partie inférieure du porche ait été complètement reconstruite par M. Millet en 1860, il est néanmoins certain qu'elle remontait au onzième siècle, comme la salle supérieure. Pouvait-on considérer ce narthex, avant sa restauration, comme un débris de l'église abbatiale consacrée à Paray le 9 décembre 1004? C'est ce qu'il convient d'examiner. Au premier abord, cette opinion paraît difficile à soutenir, mais si l'on observe la simplicité du style de toute la façade et si l'on songe à la ressemblance qui existe entre le porche de Paray et le narthex de Saint-Philibert de Tournus, bâti entre 1009 et 1019[1], on est porté à faire remonter le narthex de Paray au premier quart du onzième siècle. L'art de la construction était déjà fort développé en Bourgogne à cette époque, comme Raoul Glaber se plaît à le constater dans son ouvrage, et il ne serait pas étonnant que le narthex de Paray ait servi de modèle à l'architecte qui éleva celui de Saint-Philibert de Tournus.

Le narthex communique avec la nef de l'église par un portail en plein cintre encadré par deux colonnettes et par deux pieds-droits ornés de feuilles d'acanthes. L'une des colonnes est garnie de nattes élégantes, l'autre est tournée en forme d'hélice comme celles du portail principal de l'église de Semur-en-Brionnais ; leurs chapiteaux sont couverts de grappes de raisin et de feuillages, et leurs tailloirs se composent de plusieurs rangées de billettes. On remarque sur les claveaux de l'archivolte un tore accompagné de bâtons brisés et un cordon de grosses perles. Le tympan est dépourvu de toute décoration. Cette porte qui se trouve dans l'axe du narthex ne correspond pas à l'axe de la nef; elle porte l'empreinte du style en usage dans la Bourgogne au milieu du douzième siècle.

1. *Chronicon Trenorchiense*, ap. dom Bouquet, t. XI, p. 112.

La nef, voûtée en berceau brisé, ne comprend que trois travées et sa longueur n'est pas en harmonie avec les proportions de l'édifice qui semble destiné à contenir cinq ou six travées. Il est facile d'en comprendre la raison. L'architecte chargé de reconstruire l'église de Paray au milieu du douzième siècle était décidé à ne conserver aucune partie du monument bâti au onzième siècle. Ce qui le prouve, c'est qu'il n'avait pas jugé nécessaire de faire coïncider l'axe de la nouvelle église avec le centre de l'ancienne façade. En outre, s'il avait su que le narthex primitif ne serait pas démoli, il aurait établi les fondations du chœur beaucoup plus loin afin de donner à la nef un développement en rapport avec sa largeur. Pendant que le chœur et le transept s'élevaient au-dessus du sol, les moines du prieuré de Paray craignirent de ne pouvoir se procurer des ressources suffisantes pour mettre à exécution le projet qu'ils avaient conçu. En conséquence, comme ils se décidèrent à conserver le narthex et les deux clochers de la façade, la nef se trouva resserrée entre le transept déjà terminé et la façade que l'on ne songeait plus à faire disparaître.

Les travées de la nef se composent d'un arc en tiers point, formé d'un double rang de claveaux et encadré par un cordon garni d'oves et de tiges entrelacées. Elles reposent sur des massifs cantonnés de trois colonnes et d'un pilastre à trois cannelures. Ce pilastre qui fait face à la nef est couronné au niveau des sommiers, par un chapiteau d'où s'élance un pilastre moins haut flanqué de deux colonnettes. A partir de la base du triforium, ces trois supports sont remplacés par une grosse colonne engagée dans un dosseret. Les trois changements que les membres du pilier subissent dans leurs formes à différentes hauteurs produisent un effet très original.

La partie supérieure de la nef est occupée par un triforium dont les arcatures en plein cintre sont séparées par des pilastres cannelés suivant la disposition si répandue en Bourgogne au douzième siècle. On sait que cette ornementation est attribuée à l'influence que les portes gallo-romaines de la ville d'Autun exercèrent sur les architectes de la région au moyen âge. En effet, la galerie de la porte d'Arroux offre une ressemblance complète avec le triforium des églises de Paray, de Beaune, de Cluny et de la cathédrale d'Autun. Les arcades du triforium de Paray sont au nombre de trois dans chaque travée; deux d'entre elles sont aveugles, et celle qui occupe le centre communique avec les combles des bas côtés[1]. Elles reposent sur un bandeau destiné à rompre les lignes verticales des piles et elles sont couronnées par une corniche qui s'appuie sur de petits modillons. L'intérieur de la nef est éclairé au moyen de petites fenêtres accouplées trois par trois; leur archivolte en plein cintre ornée d'un gros tore est soutenue par de minces colonnettes. Un cordon saillant accuse nettement la naissance de la grande voûte dont l'uniformité se trouve rompue par des doubleaux formés de deux arcs superposés qui se détachent en relief sur les voussoirs.

La décoration de ce large vaisseau n'est pas moins remarquable que son architecture. Les chapiteaux sont couverts de feuilles d'acanthes et de feuillages habilement découpés; on distingue sur quelques-uns d'entre eux des monstres grimaçants et des animaux accouplés. Les bases des colonnes garnies d'une gorge entre deux tores dérivent d'une imitation de la base attique et les tailloirs se composent de trois filets en saillie les uns sur les autres.

La nef de l'église de Paray doit être considérée comme une œuvre contemporaine du milieu du douzième siècle. Son style rappelle d'une manière frappante celui des églises d'Autun, de Beaune et de Cluny, et pour en apprécier la beauté, il est inutile de donner à chacune de ses parties un sens symbolique, comme M. l'abbé Cucherat s'est efforcé

---

1. On sait que cette particularité se retrouve dans les triforiums d'Autun, de Beaune, de Cluny et de Semur-en-Brionnais, qui n'étaient pas destinés à servir de galerie de circulation comme les triforiums des églises de l'Ile-de-France.

de le faire. Faut-il croire, en effet, avec cet auteur que la nef est une image de l'Eglise militante et que le narthex représente le purgatoire[1]? Faut-il admettre que les arcatures aveugles du triforium « marquent les profondeurs impénétrables de la très sainte Trinité, et que les fenêtres accouplées trois par trois offrent un symbole « de la Trinité se manifestant par la création[2]? » Toutes ces hypothèses nous paraissent très hasardées, car les particularités qui ont frappé M. l'abbé Cucherat ne sont pas spéciales à l'église de Paray puisqu'elles se rencontrent à Cluny, à Beaune et à Semur-en-Brionnais. Si les artistes du moyen âge ont souvent fait usage de symboles dans les sculptures des portails et des chapiteaux, ce n'est pas une raison pour donner un sens figuré à toutes les parties de leurs œuvres architecturales.

Les bas côtés qui comprennent le même nombre de travées que la nef sont recouverts de voûtes d'arête séparées les unes des autres par des doubleaux en tiers point. Chacun de ces doubleaux repose sur deux colonnes engagées, couronnées par des chapiteaux à feuillages. Dans l'axe des travées s'ouvrent des fenêtres en plein cintre; celles qui éclairent le bas côté nord sont soutenues par des colonnettes, tandis que celles du bas côté sud en sont dépourvues. Néanmoins il est évident que ces deux nefs latérales sont contemporaines du vaisseau central et remontent, comme lui, au milieu du douzième siècle.

Le carré du transept est encadré par quatre grands doubleaux en tiers point dont les claveaux garnis d'oves et d'entrelacs viennent retomber sur des colonnes engagées. Du côté de la nef et du chœur ces colonnes ne partent pas du sol, elles ne prennent naissance qu'à onze mètres de hauteur et s'appuient sur deux pilastres superposés. Cette partie de l'église est voûtée au moyen d'une coupole à huit

---

1. *Monographie de la basilique du Sacré-Cœur, à Paray-le-Monial*, p. 20.
2. *Ibid.*, p. 16.

pans, établie sur quatre trompes, suivant la méthode également employée par les constructeurs des églises d'Autun, de Beaune, de Tournus et de Semur-en-Brionnais. Le croisillon nord est surmonté comme la nef d'une voûte en berceau brisée soutenue par deux doubleaux qui reposent sur des demi-colonnes. Il se trouve divisé en trois travées, mais la troisième travée voisine du mur de clôture n'a que 1^{m}80 de largeur, l'architecte ayant voulu disposer symétriquement les colonnes des doubleaux à l'entrée de la petite chapelle qui s'ouvre du côté de l'orient. Cette chapelle voûtée en cul-de-four est encadrée par deux pilastres; son soubassement est garni de quatre arcatures cintrées ornées de besants et soutenues par des colonnettes, trois fenêtres en plein cintre l'éclairent à l'intérieur. Le triforium se continue tout autour du croisillon nord et ses arcades offrent la même disposition que dans la nef. Il est surmonté de baies cintrées accouplées trois par trois; le pignon du mur du chevet est percé d'une fenêtre de la même forme. On remarque le long du mur occidental un large bénitier en granit qui ne mesure pas moins de 1^{m}25 de diamètre. Cette cuve servait autrefois de vasque au jet d'eau du cloître; elle porte les armes de Jacques d'Amboise, abbé de Cluny de 1485 à 1510, et ses bords sont garnis de feuillages contournés qui permettent de l'attribuer à la fin du quinzième siècle.

Le croisillon méridional présente une analogie complète avec le croisillon du nord. Ses voûtes, ses fenêtres et son triforium, présentent les mêmes caractères, mais la chapelle qui le flanque du côté de l'est est conçue dans un style différent et n'appartient pas au douzième siècle comme tout le reste du transept. Reconstruite par Robert de Damas-Digoine vers 1470, elle se compose de deux travées voûtées par des croisées d'ogives qui sont renforcées de liernes et de tiercerons. Son chevet polygonal est recouvert d'une voûte du même genre et éclairé par trois fenêtres en lancettes à remplages flamboyants. Toutes les nervures des voûtes et les doubleaux qui les séparent ont un profil prismatique; elles s'appuient sur des colonnettes piriformes groupées le long des murs. L'autel qui occupe le chevet de la chapelle est surmonté de cinq niches, et l'on remarque dans la première travée un tombeau richement décoré. Le dais qui le surmonte repose sur des arcatures encadrées par des gâbles garnis de crochets. C'est un très beau spécimen de l'art des sculpteurs du quinzième siècle en Bourgogne, et l'élégance de toute la construction fait regretter moins vivement la destruction de l'ancienne chapelle du douzième siècle, dont l'arc en plein cintre, destiné à encadrer la voûte en cul-de-four primitive, est resté intact.

Le chœur est recouvert en avant par une voûte en berceau brisé et en arrière par une voûte en cul-de-four. Sa partie droite se compose d'une travée identique à celles de la nef qui s'élève entre deux doubleaux en tiers point appuyés sur des colonnes engagées. Comme le doubleau qui encadre la voûte en cul-de-four est moins élevé que l'arc triomphal, le mur qui le surmonte est percé d'une fenêtre en plein cintre et de deux *oculi* destinés à éclairer le sanctuaire. Le rond-point est soutenu par huit colonnes assises sur un soubassement garni de dalles épaisses. Le fût de ces colonnes est monolithe et ne mesure pas moins de 5^{m}20 de hauteur, tandis que leur diamètre ne dépasse pas 0^{m}42. Leurs chapiteaux sont ornés de feuilles d'eau peu découpées afin de ne pas affaiblir la résistance des tailloirs. Aux deux extrémités de l'hémicycle les colonnes isolées sont remplacées par une colonne engagée dans un pilier massif. Ces différents supports sont réunis par des arcs en plein cintre décorés de petits oves comme les arcades de la nef. La partie supérieure du sanctuaire est occupée par neuf fenêtres accouplées dont l'archivolte en plein cintre est accompagnée de plusieurs rangs de damiers. Chacune des baies repose sur deux colonnettes qui s'appuient elles-mêmes sur une large corniche formée de petites arcatures arrondies.

Tout cet ensemble présente un grand caractère de simplicité et produit néanmoins beaucoup d'effet.

Le déambulatoire est une des parties les plus curieuses de l'église. Il est précédé de chaque côté d'une travée aussi large que les bas côtés. Cette disposition qui était appliquée également à Cluny était destinée à dissimuler la différence de largeur qui existe entre les collatéraux et le déambulatoire. En effet, tandis que les bas côtés mesurent 6^{m}55 de largeur, la galerie qui contourne le sanctuaire forme un passage large de 3^{m}20, et si ce rétrécissement se produisait dès le transept, la perspective serait beaucoup moins gracieuse. Les deux travées dont nous venons de parler sont voûtées d'arête et éclairées par deux fenêtres cintrée. · elles correspondent à la partie droite du chœur. Le déambulatoire s'ouvre au fond de chacune d'elles entre deux demi-colonnes qui soutiennent un arc en plein cintre. Il est recouvert de neuf voûtes d'arête séparées par des doubleaux en tiers point qui viennent retomber d'un côté sur le tailloir des colonnes isolées, de l'autre sur deux colonnettes engagées dans la muraille à une certaine hauteur. Quatre fenêtres en plein cintre, entourées de colonnettes dont les fûts sont ornés d'écailles, éclairent la galerie à une faible distance au-dessus du sol; sept autres baies plus petites sont percées plus haut dans l'axe de chaque travée. Le mur extérieur du déambulatoire est tapissé de neuf grandes arcatures cintrées garnies de billettes et soutenues par des pilastres à trois cannelures. Six arcades font corps avec les assises du mur, les trois autres jouent le rôle d'un doubleau placé en avant des chapelles rayonnantes. Chacune de ces chapelles, éclairée par cinq fenêtres en plein cintre, se compose d'une partie droite voûtée en berceau et d'un hémicycle voûté en cul-de-four[1]. Le doubleau qui sépare les deux voûtes retombe

---

1. On remarque dans l'une des chapelles rayonnantes un autel en pierre du douzième siècle. Il se compose d'une dalle garnie de trous cubiques disposés en lignes diagonales et flanquée de deux petits pilastres qui sont ornés d'oves et de feuilles d'acanthes.

sur deux pilastres cannelés. Toute la décoration des chapiteaux est conçue dans un excellent style qui porte l'empreinte des caractères particuliers à l'ornementation des édifices religieux de la Bourgogne au milieu du douzième siècle. Le déambulatoire de Paray est d'autant plus intéressant à étudier qu'il nous donne une idée assez exacte de celui qui entourait le chœur de la basilique de Cluny. On peut également faire observer qu'il présente une certaine analogie avec le déambulatoire de Saint-Philibert de Tournus.

La façade est occupée au centre par le narthex qui fait une saillie très accentuée sur le mur de la nef. A sa partie inférieure s'ouvrent trois arcades cintrées qui donnent accès dans le narthex où l'on peut également pénétrer par deux autres baies placées sur le côté gauche. Au-dessus se trouvent cinq fenêtres en plein cintre destinées à éclairer la salle supérieure du porche, et cette construction est couronnée par deux clochers qui s'élèvent à 34 mètres de hauteur. La tour du sud, épaulée par deux contreforts à chacun de ses angles, renferme trois étages. Le premier est percé de quatre baies cintrées, le second présente sur chaque face deux baies géminées en plein cintre dont l'archivolte s'appuie au milieu sur deux colonnettes isolées et de chaque côté sur de simples pieds-droits. Le troisième étage offre une disposition identique; il repose comme le précédent sur une moulure en biseau. La tour du nord n'est pas exactement semblable à celle du sud. On remarque sur chacune de ses faces deux baies géminées en plein cintre. Celles du premier étage sont encadrées par trois colonnettes[1], car la colonne centrale, engagée dans un pied-droit, est commune aux deux archivoltes. Au second étage, toutes les baies géminées reposent sur deux colonnettes dont les tailloirs sont garnis de billettes et les chapiteaux de feuillages à peine dégrossis. A chaque angle du clocher s'élève une longue colonne engagée

---

1. Quelques-unes de ces colonnettes sont cannelées en spirale.

qui se termine sous la corniche. Le dernier étage est conçu dans un style identique ; néanmoins les baies sont plus hautes et le pilastre qui les sépare est flanqué d'une colonne. La corniche se compose de petites arcades cintrées dépourvues de modillons. Ce clocher qui doit être attribué à la fin du onzième siècle offre une très grande ressemblance avec les tours latérales des églises de Rhuis et de Morienval (Oise), de Rétheuil et d'Oulchy-le-Château (Aisne), qui appartiennent à la même époque. Pour en expliquer la raison, il convient de remarquer qu'au onzième siècle, l'architecture religieuse des diverses provinces de la France n'était pas encore empreinte de caractères bien tranchés. Les procédés de construction étaient à peu près analogues dans des régions très éloignées les unes des autres et le style particulier à chacune d'elles ne s'était pas encore développé. Les deux tours sont couronnées par des flèches en charpente refaites par M. Millet en 1860. Les anciennes toitures étaient beaucoup moins élancées et la pente de leurs côtés était à peine sensible.

Les deux clochers de la façade de Paray remontent au onzième siècle, mais il est évident que la tour du nord fut élevée longtemps après la tour du sud. Quant à la partie inférieure de la façade, elle est contemporaine du clocher du nord et peut fort bien être considérée comme un débris de l'église abbatiale consacrée à Paray en 1004. En arrière du narthex, le mur de la nef est percé de cinq fenêtres en plein cintre ; une baie analogue s'ouvre dans le chevet du bas côté nord. Quant au pignon du bas côté sud, il est complètement dissimulé par un grand bâtiment du dix-huitième siècle adossé à la façade.

L'élévation extérieure de la nef et des collatéraux est d'une très grande simplicité. La nef épaulée par des contreforts peu saillants présente à chaque travée trois fenêtres en plein cintre accouplées dont l'archivolte, au lieu d'être soutenue par des colonnettes, comme à l'intérieur, repose sur des pieds-droits. Le mur du bas côté nord, renforcé par deux contreforts, est percé au dehors de trois baies cintrées : le bas côté sud offre la même disposition, mais il est en partie masqué à l'extérieur par le cloître du prieuré et par le bâtiment élevé au dix-huitième siècle. Les corniches qui règnent sous les toitures sont formées d'une tablette appuyée sur des modillons très simples.

Les deux croisillons du transept méritent une description plus étendue. Celui du nord est décoré d'un curieux portail qui appartient, comme tout le reste de la construction, au milieu du douzième siècle. Encadrée par deux pilastres cannelés qui se terminent sous un entablement garni de onze petites arcatures, cette porte se compose d'une archivolte en plein cintre soutenue par deux colonnettes. Les fûts des colonnes sont recouverts d'étoiles habilement découpées dans la pierre et la même ornementation se répète entre deux rangs de perles sur le gros tore de l'archivolte. Une guirlande de fleurs à six pétales se déroule le long des pilastres et au-dessous de l'entablement, tandis qu'un cordon de billettes, d'oves et de feuilles d'acanthes accompagne les pieds-droits. Les deux chapiteaux sont couverts de feuilles d'acanthes ; leurs tailloirs sont formés de trois rangs de billettes et leurs bases d'une gorge entre deux tores. Cette riche sculpture rappelle beaucoup celle qui décore les belles portes des églises de Charlieu et de Semur-en-Brionnais.

Le croisillon du nord est occupé dans sa partie supérieure, par quinze fenêtres en plein cintre, accouplées trois par trois au-dessus du triforium. Une baie analogue s'ouvre au milieu du pignon. Du côté de l'orient, on aperçoit la petite chapelle que nous avons décrite à l'intérieur. Elle est épaulée au dehors par deux grosses colonnes engagées qui jouent le rôle de contreforts et qui sont surmontées d'un chapiteau à feuillages et d'un glacis. Les trois baies en plein cintre qui l'éclairent sont entourées par un cordon de billettes.

Le croisillon sud est orné d'un portail bâti dans le même style que le précédent. Son archivolte en plein cintre garnie de billettes et de bâtons brisés appliqués sur un gros tore, s'appuie sur deux colonnettes dont les fûts sont recouverts de nattes entrelacées. Le tympan est dépourvu de toute espèce de décoration comme celui des deux portails dont nous avons déjà parlé. Les fenêtres supérieures de ce croisillon sont analogues à celles que nous avons signalées dans le croisillon du nord, mais la chapelle adossée au mur oriental ne présente aucune ressemblance avec l'autre puisqu'elle a été reconstruite au quinzième siècle. Ses longues fenêtres à remplage flamboyant sont séparées par de minces contreforts qui s'arrêtent sous la corniche et l'élégance de son architecture mérite d'attirer l'attention.

L'abside offre un aspect très original grâce aux chapelles qui font une saillie sur le déambulatoire. Chacune des trois chapelles se compose d'une partie droite couronnée par un pignon et d'une absidiole en hémicycle épaulée par deux contreforts à colonnes. Ce genre de contreforts ne fut pas fréquemment employé en Bourgogne au douzième siècle, et l'église du Bois-Sainte-Marie (Saône-et-Loire) est un des rares édifices religieux de la région où l'on en rencontre de semblables. C'est cette particularité qui donne aux chapelles rayonnantes de Paray l'apparence de celles qui entourent l'abside des églises de Notre-Dame-du-Port, à Clermont, et de Saint-Paul d'Issoire, en Auvergne. Cinq fenêtres en plein cintre s'ouvrent dans le mur extérieur de chaque chapelle ; leur archivolte est décorée d'un cordon de billettes qui se continue sur les tailloirs des chapiteaux des contreforts et sur les claveaux des cinq baies cintrées qui éclairent le soubassement du déambulatoire. Au-dessus des trois chapelles sont placées sept fenêtres en plein cintre séparées les unes des autres par des contreforts peu épais qui épaulent les assises supérieures du mur. Des corniches très simples analogues à celles de la nef couronnent l'hémicycle du rond-point ainsi que les chapelles rayonnantes. La partie droite du chœur présente au dehors le même aspect que les travées de la nef; elle est garnie de fenêtres en plein cintre accouplées trois par trois et deux baies analogues font pénétrer la lumière dans la travée qui précède le déambulatoire. Au-dessus de la toiture de cette galerie, s'ouvrent neuf fenêtres cintrées qui éclairent la partie supérieure du sanctuaire. Leur archivolte ornée de besants s'appuie sur des pilastres cannelés très élégants. On remarque au sommet du mur une corniche sans modillons formée d'une série de petites arcatures en plein cintre.

Le clocher central de l'église qui s'élève sur le carré du transept a été entièrement reconstruit par M. Millet en 1860. Il se composait auparavant d'un étage octogone bâti au douzième siècle et surmonté de larges baies en tiers point construites au quatorzième siècle. Chacune de ces baies, encadrée par quatre colonnettes, était subdivisée en deux ouvertures trilobées par une petite colonne centrale qui supportait également un *oculus* à quatre lobes. D'élégantes moulures décoraient les claveaux des archivoltes, mais l'ensemble de la tour était gâté par une tourelle d'escalier fort disgracieuse et surtout par le dôme à huit pans établi au sommet du clocher en 1810. Depuis que la restauration entreprise par M. Millet est terminée, la tour centrale comprend deux étages conçus dans le même style. L'étage inférieur, bâti sur un plan octogonal, présente sur chacune de ses faces deux arcatures en plein cintre qui reposent sur de minces colonnettes engagées. L'étage supérieur offre la même disposition, mais toutes ses baies sont ajourées et leurs archivoltes sont garnies d'une moulure en coin émoussé. Il est couronné par une flèche en charpente dont la pointe se termine à cinquante-six mètres de hauteur au-dessus du sol.

Le nouveau clocher élevé par M. Millet couronne très heureusement le transept de l'église. M. l'abbé Cucherat a cru pouvoir regretter que l'architecte ait reconstruit la tour centrale dans le style du onzième siècle au lieu d'avoir pris pour modèle l'un des clochers élevés au douzième siècle dans la région. « Dans cinquante ans, dit-il, on en concluerait avec une rigoureuse apparence de vérité que l'édifice tout entier est du onzième siècle. »[1]

Ce reproche ne nous semble pas suffisamment justifié. M. Millet aurait peut-être pu s'inspirer davantage du beau clocher qui se dresse encore aujourd'hui sur le croisillon nord de la basilique de Cluny pour donner plus d'élancement aux baies supérieures de la tour, mais il n'a pas commis d'erreur archéologique en adoptant la disposition actuelle. En effet, au moment où il a entrepris la démolition de l'ancien clocher, l'étage inférieur qui appartenait au douzième siècle existait encore et la forme de ses baies a été scrupuleusement reproduite dans la nouvelle construction. L'architecte a bâti le second étage sur le même plan et il a pris soin d'ajourer les baies en leur donnant des proportions identiques à celles du premier étage. Il n'a donc pas fait une œuvre de fantaisie et le nouveau clocher est en harmonie avec le style général de l'église. La seule critique que l'on peut adresser avec raison à M. Millet, c'est d'avoir fait placer sur la tour centrale une flèche en charpente aussi aiguë. Il est certain que ce genre de couronnement n'était jamais employé par les architectes de la Bourgogne au douzième siècle. Tous les clochers romans de la région étaient surmontés de toits en pavillon très plats recouverts de laves ou de tuiles. C'est ainsi que sont établies les toitures des clochers d'Uchizy, de Chapaize, de Semur-en-Brionnais et d'Anzy-le-Duc (Saône-et-Loire), et M. Millet aurait dû appliquer également cette disposition à la grosse tour de Paray, puisque les deux clochers du narthex en présentaient des exemples avant leur restauration.

1. *Monographie de la basilique du Sacré-Cœur, à Paray-le-Monial*, p. 55.

L'église de Paray-le-Monial, dans son état actuel, doit être considérée comme un des plus curieux édifices religieux bâtis en Bourgogne pendant la période romane [1]. Les particularités de son plan, l'importance du narthex, l'élégance du déambulatoire et de l'abside, la pureté du style de la nef et du transept, la richesse de l'ornementation des portails, lui donnent une grande valeur architecturale, et bien qu'elle soit très connue des archéologues, elle pourra toujours être étudiée avec un nouveau profit.

---

[1]. On trouvera les relevés complets de l'église de Paray-le-Monial dans les *Archives de la Commission des monuments historiques*, t. II.

Autun. — Imp. Dejussieu.

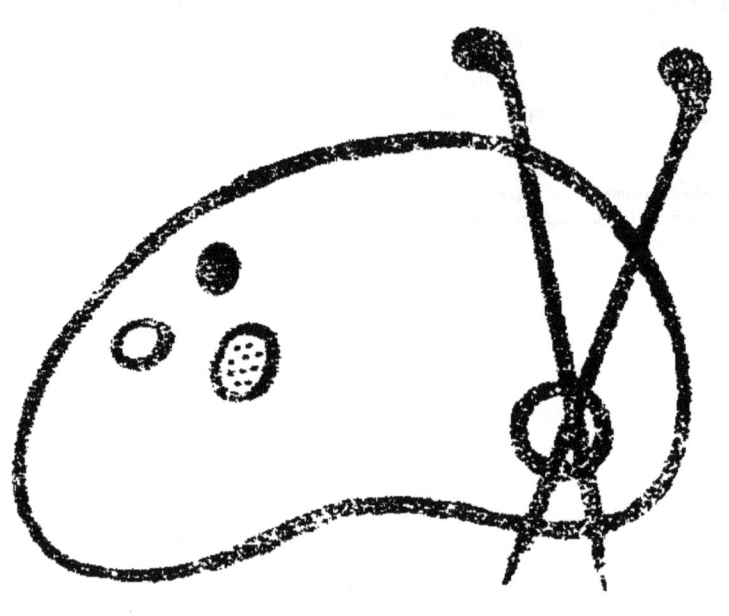

Original en couleur
NF Z 43-120-8

www.ingramcontent.com/pod-product-compliance
Lightning Source LLC
Chambersburg PA
CBHW060904050426
42453CB00010B/1564